Lazy Habits - Le guide pragmatique pour créer les habitudes des millionnaires

Laurent Meri

Published by LAURENT MERI, 2023.

While every precaution has been taken in the preparation of this book, the publisher assumes no responsibility for errors or omissions, or for damages resulting from the use of the information contained herein.

LAZY HABITS - LE GUIDE PRAGMATIQUE POUR CRÉER LES HABITUDES DES MILLIONNAIRES

First edition. July 30, 2023.

ISBN: 979-8223042785

Written by Laurent Meri.

Table des Matières

Vous voulez entendre un petit secret ? Soyez bref

Dans le monde d'aujourd'hui où la durée d'attention est très courte, vous devez réduire la graisse si vous voulez faire attention aux prises à chaud. Bien sûr, les livres géants sont impressionnants sur votre étagère. Mais quand il s'agit d'une vraie conversation, plus court est plus doux.

Les livres courts vous donnent un point culminant au laser sans toute la trame de fond ennuyeuse ou les peluches. Chacune de leurs phrases a du punch, pas des mots inutiles.

Vous avez une idée bouleversante ? Ne l'enterrez pas sous 600 pages de prose sèche. Distillez cette ventouse jusqu'à sa forme la plus pure et minimaliste. Comme un smoothie parfaitement mélangé, filtrez les morceaux inutiles pour un impact maximal.

De plus, qui a encore le temps pour de longs tomes de décoration de porte? Nous voulons des connaissances dans les pépites de la taille d'une bouchée maintenant. Avec des livres adaptés, vous pouvez aspirer ces morceaux nourrissants en quelques séances, en conservant bien plus. Laissez vraiment mariner les saveurs savoureuses.

Et n'oubliez pas le partage ! Les petites idées se répandent comme un feu ardent parce que tout le monde a le temps pour une histoire rapide mais incroyable. Demandez simplement à ce mec moine avec la Ferrari - la sagesse de ses notes de falaise est devenue virale plus rapidement qu'une diatribe de Kanye.

Alors faites-vous une faveur et soyez bref. Coupez tout rembourrage inutile. Allez directement aux bonnes choses et livrez-les avec gravité.

Moins c'est plus quand vous choisissez chaque mot avec soin.

Une note avant de commencer...

Tout d'abord, merci sincèrement d'avoir lu ce livre ! Mon objectif est d'apporter de la valeur et d'aider à améliorer la vie des gens grâce à des changements d'habitudes.

Si vous trouvez ce guide utile, vous me rendriez un immense service en prenant une minute pour laisser une critique honnête et positive sur la plateforme sur laquelle vous avez acheté le livre. Voici pourquoi c'est important :

Le bouche-à-oreille positif est crucial pour que les livres indépendants se propagent et aient un impact. Votre avis donne aux algorithmes le signal que ces informations changent des vies.

Cela me permet ensuite d'atteindre et d'aider beaucoup plus de personnes comme vous. Mon rêve est d'améliorer des vies à grande échelle grâce à de petits changements d'habitudes !

Mais cela ne peut pas arriver sans les avis de lecteurs géniaux. Et vous êtes un lecteur AWE...SOMe. Donc, si vous ressentez ce livre, veuillez augmenter le signal avec une critique positive. Cela signifierait le monde pour moi et cette communauté.

Changer les habitudes humaines enracinées est difficile - nous avons besoin de toute l'aide possible ! Avec votre petite action, ensemble, nous pouvons composer ce message et créer des transformations.

De plus, vous inspirerez probablement quelqu'un dans votre vie qui a également besoin de ce livre. Donner au suivant crée des ondulations.

D'accord, merci sincèrement d'avoir même envisagé de laisser vos commentaires. Plongeons maintenant dans ces incroyables améliorations d'habitudes !

Introduction

Qu'est-ce que c'est bon mes amis ! Bienvenue dans le livre qui est là pour rendre le changement d'habitude stupide facile. Pour de vrai - plus de conseils boiteux sur le courage et la volonté. Nous suivons le chemin du paresseux décontracté vers la génialité.

Vous voyez, le problème avec la plupart des déchets d'auto-assistance est qu'ils prêchent une discipline inconditionnelle dès le premier jour. Transpirez à 5h du matin tous les jours ! Salades de chou frisé préparées chaque semaine ! Manifestez vos rêves à travers des rituels de visualisation !

Oui en effet. Cet état d'esprit régimentaire fonctionne pour environ 1% des robots fous et motivés. Mais pour nous, gens normaux, ce brouhaha militaire ne mène nulle part.

Même avec les meilleures intentions, nous finissons par nous épuiser et revenir à regarder Netflix à chaque fois. Pouah!

Ce qu'il nous faut, c'est l'art des habitudes sournoises. Des micro-changements qui incitent notre cerveau à s'améliorer petit à petit sur le pilote automatique.

Je l'appelle l'approche du tour de l'esprit Jedi. De minuscules coups de pouce dans la bonne direction grâce à la psychologie, pas un simple effort.

À la fin, vous aurez développé des habitudes de tueur - mais vous aurez l'impression de n'avoir presque rien fait ! C'est le rêve du paresseux.

Ce livre révèle la formule des 4 règles pour atteindre la grandeur grâce à des micro-actions, un séquençage intelligent, la responsabilité sociale et la magie des intérêts composés.

Voici ce que nous couvrirons :

Tout d'abord, nous créons des habitudes microscopiquement petites. Je parle d'un push-up ou d'une minute de lecture pour commencer.

De petites habitudes contournent la résistance de notre cerveau au changement. Et ils s'empilent bien plus vite que prévu grâce à la puissance de la capitalisation.

Ensuite, nous empilons ces mini-habitudes pour créer un élan. Enchaînez-les stratégiquement pour que chacun déclenche automatiquement le suivant.

Cela forme des cascades d'habitudes sans effort comme sur des roulettes. Du coup, vous écrasez vos matinées sans friction.

Nous tirons également parti de la pression des pairs à notre avantage. Parlez à vos amis de vos habitudes de motivation. Rejoignez des groupes pour créer une communauté. Une petite compétition va un long chemin !

Enfin, nous utilisons la magie noire des intérêts composés. Respectez constamment les micro-habitudes et vos résultats augmentent de façon exponentielle au fil du temps.

De minuscules paiements d'intérêts se transforment en gains d'investissement massifs. La publication d'articles de blog conduit à des milliers de lecteurs. Les mini répétitions d'habitudes transforment votre physique et vos compétences.

Cette formule vous permet de diriger vos journées à travers de petits coups de pouce, pas de grands relookings. De minuscules habitudes créent l'élan, le séquençage donne du flux, la pression sociale soutient la motivation et la composition fonctionne dans les coulisses.

Avant de vous en rendre compte, vous avez amené votre cerveau à créer un style de vie génial grâce à de petites actions intelligentes et paresseuses au fil du temps.

Ce livre révèle le chemin décontracté vers le succès. Comment utiliser la psychologie et la cohérence à l'échelle pour atteindre facilement la grandeur. Je t'ai eu!

Grâce à des micro-étapes et des jalons, vous gagnerez en confiance et en dynamisme et vous transformerez lentement en la personne que vous voulez être.

Alors pompez-vous ! Abandonnez les tactiques d'auto-assistance épuisantes et adoptez l'art des habitudes sournoises. Vous êtes sur le point d'améliorer votre vie avec un minimum d'effort grâce à la formule des 4 règles. Commençons!

Chapitre 1 : Petites habitudes - "Oubliez les grands objectifs. Comment les micro-pas d'habitude mènent au macro-succès"

Amis, rêvez grand mais commencez petit - comme, microscopique

Nous avons tous de grands objectifs, n'est-ce pas ? Faites-vous déchiqueter comme le Rock. Écrivez le prochain Harry Potter. Apprenez à déchiqueter comme Eddie Van Halen. Parcourez le monde dans un camping-car aménagé.

Poursuivre de grands rêves est vraiment essentiel ! Mais essayer d'atteindre ces objectifs par des changements massifs du jour au lendemain est une recette pour un désastre.

Nos cerveaux paresseux DÉTESTENT l'inconfort et le travail acharné. Ainsi, même si vous êtes tout excité en imaginant cette vision finale, votre motivation s'effondre plus rapidement qu'un régime raté du Nouvel An. Pouah.

Quand vous pensez à l'effort nécessaire pour atteindre ces objectifs, votre cerveau de lézard est comme "Passe difficile, mon ami ! Nous allons juste rester sur le canapé où c'est sûr et confortable."

Ainsi, vos ambitions se transforment en frénésie Netflix et les rêves prennent la poussière comme cette guitare dans le placard. Nous y avons tous été!

Mais et si je vous disais qu'il existe une stratégie secrète sournoise pour tromper votre cerveau afin qu'il atteigne la grandeur ? Toi avec moi? Ça s'appelle... (roulement de tambour s'il vous plait)... PETITES HABITUDES !

Je sais, nom décevant pour un concept aussi puissant. Laisse-moi briser ce bébé...

Les petites habitudes sont exactement ce à quoi elles ressemblent - des habitudes si ridiculement petites et faciles que vous ne pouvez pas vous empêcher de les faire. Nous parlons d'une pompe, d'une minute de méditation, d'une phrase écrite dans votre brouillon de roman.

Ces micro-habitudes ne nécessitent aucune motivation ni discipline, car elles ne nécessitent pratiquement aucun effort. Mais la cohérence opère sa magie et ces petites étapes s'accumulent au fil du temps.

Au bout d'un an, vous aurez fait plus de 300 pompes sans même vous en rendre compte ! Votre pratique de la méditation s'étend sur des heures sans jamais vous submerger. Et votre livre s'écrit phrase par phrase. Assez doux non ?

De minuscules habitudes piratent la logique paresseuse de votre cerveau

D'accord, c'est la partie où je vous parle des hacks de l'esprit qui rendent les petites habitudes si efficaces. Votre cerveau peut être un haineux, mais il n'est pas trop brillant ! Le déjouer est stupide et facile une fois que vous connaissez ses boucles logiques. Laisse-moi expliquer...

Le génie des habitudes ridiculement petites est qu'elles passent sous le radar de votre cerveau. Il n'y a pas de résistance à l'alerte rouge comme avec de grands objectifs intimidants.

Pensez-y - si j'étais comme "Yo ! Engagez-vous tout de suite dans une heure de méditation intense à 5h du matin tous les jours !" vous vous éteindriez plus rapidement qu'un ordinateur Windows 95. Trop d'effort!

Votre cerveau de lézard paresseux commencerait immédiatement à rationaliser les excuses : "Euh, je ne suis pas du matin... Je ne me réveillerai jamais aussi tôt... Je ne peux pas rester assis pendant une heure entière..."

Objectif massif = démotivation massive. Votre cerveau s'éteint instantanément.

Mais suggérez-vous juste UNE toute petite minute de méditation ? Votre cerveau réagit totalement différemment : "Hmm, d'accord, je suppose qu'une minute minable ne semble pas trop douloureuse. Je peux tout supporter pendant 60 secondes ! Bien sûr, peu importe, faisons ceci."

Pas de gros effort détecté = pas de résistance activée. Bingo ! Les petites habitudes passent sous le radar.

C'est comme distraire un vélociraptor avec un pointeur laser - leurs minuscules cerveaux de pois se confondent pendant une seconde et vous sprintez vers la sécurité. De petites habitudes confondent votre paresse intérieure !

Au moment où votre cerveau se rend compte que vous avez pris une habitude, il est trop tard - vous avez déjà fait des pompes, fini de méditer et lu une phrase. Boom! Micro habitude atteinte !

Cet effet d'élan renforce aussi rapidement la confiance. Lorsque vous terminez une petite habitude, votre cerveau pense "Oh, je suppose que ce truc d'auto-amélioration n'est pas si difficile après tout!" Les micro-victoires rapides le mettent de votre côté.

Soudain, des choses semblent possibles qui semblaient autrefois intimidantes. "Si je peux méditer pendant une minute, je peux peut-être m'asseoir pendant 5 minutes de manière cohérente." Les petites victoires en amènent de plus grandes.

C'est comme inciter un tout-petit à manger des légumes - déguisez-le, rendez-le amusant, mettez-le dans sa bouche avant qu'il ne le remarque ! La prochaine chose que vous savez, ils demandent plus de brocoli. Les petites habitudes se déguisent en amusement facile.

Donc, en résumé, des habitudes ridiculement petites évitent la résistance, renforcent la cohérence grâce à des micro-victoires et se combinent en résultats qui gagnent la coopération de votre cerveau au fil du temps. Le tout en se faufilant sur la paresse !

Encore une fois, cela semble ridicule... jusqu'à ce que cela fonctionne. Si vous m'aviez dit que je courrais 5 miles par jour en commençant par seulement 1 bloc par jour, je vous traiterais de fou. Mais ça compose !

Déjouez votre paresse intérieure avec ces hacks de micro-esprit, et vous serez choqué par les changements dans lesquels vous pouvez vous tromper. De petites habitudes vous aident à négocier avec votre résistance plutôt que de la combattre directement. Donnez un pouce à la paresse, cela prend un mile !

De minuscules habitudes s'empilent furtivement sous le radar de votre cerveau

Très bien, le prochain hack mental qui rend les petites habitudes si puissantes est la façon dont elles empilent sournoisement les résultats grâce à la magie des intérêts composés. C'est ainsi que de minuscules changements se transforment en une amélioration titanesque sur la route.

Voici le truc - si je me disais "Tu dois écrire une page de ton livre chaque jour cette année pour le finir !" Cela semble intimidant dès le départ. 365 pages est un gros objectif.

Votre cerveau serait sceptique et résistant dès le premier jour. Mais proposez-vous d'écrire une toute petite page par jour ? Pas de problème, pense votre cerveau.

"Pshh, une page misérable? C'est comme 5 minutes d'effort. Ouais, je suppose que je peux rassembler autant de motivation." Aucune résistance détectée.

Mais ensuite, grâce au pouvoir de la cohérence et de la composition, ces petites phrases se transforment en pages entières, qui se transforment en chapitres, qui se transforment en livres !

Il s'accumule complètement sous le radar de votre cerveau paresseux. Après un an, vous aurez un manuscrit de 365 pages, mais l'habitude est toujours restée à une page pour que votre cerveau ne s'inquiète jamais. Assez lisse hein?

C'est la même chose avec la méditation. Une minute par jour semble totalement inoffensive. Mais après une décennie, vous aurez médité pendant plus de 60 heures ! Votre habitude est restée petite, mais le temps s'est accumulé.

Cet empilement furtif fonctionne pour n'importe quelle habitude. Une pompe mène à 365 répétitions en un an. Une minute de pratique de la guitare mène à des heures de jeu. Petite entrée, énorme sortie !

C'est la magie de la composition ! Votre cerveau voit juste de petites micro-habitudes rapides chaque jour, pas de lutte. Mais les résultats s'accumulent en changements massifs avant même que vous ne vous en rendiez compte.

C'est comme un spectacle de magie mal dirigé - les petites habitudes retiennent l'attention de votre cerveau tandis que la composition se produit ailleurs. Pouf ! Soudain, vous connaissez la guitare. Incroyable!

La sagesse d'Oogway

Ce concept me rappelle l'une de mes pépites de sagesse préférées du film Kung Fu Panda :

"On rencontre souvent son destin sur le chemin qu'on prend pour l'éviter."

Au début, vous essayez simplement de créer une habitude facilement gérable. Mais ces micro-habitudes s'accumulent finalement dans votre destin - une ceinture noire, un roman, une entreprise, quel que soit votre objectif !

Les petites habitudes maintiennent votre scepticisme à distance assez longtemps pour que la capitalisation opère sa magie. Une fois que vous avez des résultats étonnants, votre cerveau cesse de résister.

Des habitudes ridiculement petites vous permettent de voler sous le radar au début. Leur effet d'empilement furtif conduit à une transformation incroyable avant que votre cerveau ne puisse s'inquiéter.

C'est comme découvrir accidentellement une ancienne tombe cachée après avoir frappé distraitement une petite pierre tous les jours. Petite entrée, énorme sortie !

Adoptez la règle du 1 % pour laisser les petites habitudes opérer leur magie

Très bien, à ce stade, vous vous demandez peut-être jusqu'à quel point vous devriez aller quand vous commencez ces micro-habitudes. Laissez-moi mettre fin aux conjectures pour vous.

Je recommande d'utiliser la règle des 1 % - faites en sorte que votre habitude de départ ne représente que 1 % de l'objectif plus important que vous souhaitez éventuellement atteindre. Cela garde les choses stupidement petites tout en vous déplaçant progressivement vers la grandeur.

Prenons quelques exemples :

Vous voulez éventuellement faire 100 pompes ? Commencez avec un seul représentant. 1 pompe représente 1% de 100. C'est aussi petit que possible !

Mais cela commence à créer de la cohérence dans l'habitude de l'exercice sans vous submerger. Une fois que c'est solide, passez à 2 pompes, puis 5, et ainsi de suite.

Envie de courir 5 miles par jour un jour ? Commencez par exécuter un seul bloc. Nous parlons comme 500 étapes. Cette petite habitude est réalisable même lorsque vous êtes épuisé et démotivé.

Encore une fois, cela vous permet de rouler régulièrement sans vous épuiser rapidement, comme si vous essayiez de courir soudainement sur des kilomètres. Restez avec 1 bloc, puis passez à 2 blocs une fois que c'est automatique. S'accumule lentement au fil des semaines, des mois et des années.

Vous voulez apprendre la guitare ? Le premier jour, entraînez-vous simplement à tenir l'instrument et à pincer une seule corde. Faites-le pendant seulement 60 secondes. C'est votre habitude à 1% pour commencer à ancrer la cohérence.

Cela évite les pensées paralysantes d'avoir à maîtriser immédiatement des accords et des chansons complexes. Une fois que 1 minute vous semble facile, passez à 2. Puis 5. L'habitude s'accumule.

Vous avez bien compris l'idée ? Commencez par une micro-habitude presque stupidement facile que même Mindless Me lors de ma pire journée peut gérer.

Supprimez toutes les frictions et excuses possibles pour vous y tenir. Les petites habitudes doivent être progressives au début.

Et qu'en est-il de la puissance du progrès incrémental

Voici pourquoi cela fonctionne si bien : les progrès progressifs créent une dynamique et une cohérence plus rapides que des efforts intenses sporadiques.

Faire une pompe tous les jours pendant un an vous rendra exponentiellement plus fort que de faire 100 pompes une fois par mois. Même si techniquement le volume est le même.

La pratique quotidienne - même minime - renforce l'habitude, la mémoire musculaire et la cohérence. Les efforts sporadiques ne durent jamais malgré un volume plus important par session.

Alors adoptez ces pas de 1 % ! Gardez vos habitudes minuscules mais tout à fait cohérentes. Ce progrès progressif entraîne votre cerveau et votre corps sur le long terme.

Patience et micro victoires

Cela demande de la patience. Une pompe ne rendra personne foutu. Mais après 6 mois, vous remarquerez soudainement des gains sérieux auxquels vous ne vous attendiez pas.

Obtenez seulement 1 % de mieux grâce à des micro-habitudes, et votre ligne de base augmente chaque jour. Les améliorations s'accumulent sous le radar. La cohérence règle tout.

N'oubliez pas le sage dicton : "Centimètre par centimètre, la vie est un jeu d'enfant. Mètre par mètre, la vie est dure." Prenez-le pouce par pouce! De petites habitudes pour la victoire.

Avec les micro-changements, vous obtenez également des gains rapides fréquents qui renforcent la motivation. Votre cerveau dit "Hé, je me suis vraiment amélioré aujourd'hui !" contre lutter dur sans progrès évident.

Donc, en résumé, la règle du 1 % crée des habitudes suffisamment petites pour une cohérence automatique, des gains incrémentiels qui entraînent un véritable changement et des gains rapides qui remontent le moral pour le long voyage.

Cela peut sembler idiot au début. Mais faites confiance au processus et au pouvoir des petites habitudes. Ils font des merveilles absolues au fil du temps grâce à un empilement furtif et à la cohérence.

Gardez simplement ce premier saut d'habitude ridiculement petit en utilisant la règle du 1%. Supprimez tout risque de friction. Cohérence d'abord, intensité ensuite.

Warren Buffet a commencé avec 1%

Warren Buffett est l'exemple parfait de la façon dont le fait d'adopter de petites étapes conduit à des résultats incroyables tout au long d'une vie.

L'un des hommes les plus riches du monde, Buffett a accumulé sa vaste fortune non pas grâce à des programmes risqués pour devenir riche rapidement, mais en investissant progressivement dans des entreprises solides à long terme.

Lorsque Warren a commencé, il ne s'est pas précipité pour investir des millions à la fois. Il a commencé par rechercher assidûment des entreprises et à faire de petits investissements de 1 % au fur et à mesure que les opportunités se présentaient.

Au fil des décennies, ces minuscules gains se sont accumulés année après année, comme des boules de neige dévalant une colline, prenant de la taille et de l'élan. Petit est devenu grand.

Dans les années 1960, Warren a lentement investi dans les actions de Coca-Cola, accumulant progressivement une position massive sur plus de 30 ans. Il a commencé petit, est resté constant et a permis à la composition d'opérer sa magie.

Maintenant, son stock de Coke vaut des milliards, même s'il n'a investi à l'origine que des milliers. De minuscules habitudes et des gains supplémentaires ont créé sa richesse.

Il a fait la même chose pour son investissement dans Bank Of America et Apple Corporation, aujourd'hui cela semble évident mais alors cela semblait petit... minuscule

Warren Buffett est la quintessence de l'empilement furtif et de l'état d'esprit de la tortue. Il incarne le pouvoir de commencer avec de petites habitudes, poursuivies de manière constante au fil du temps.

Comme la vieille fable de la tortue et du lièvre, l'approche lente et régulière de Warren a battu la spéculation des investisseurs hâtifs à la recherche de gains rapides. La patience paie.

Suivez donc l'exemple de Warren. Résistez à l'envie de vous précipiter dans de grands changements. Commencez petit, restez constant, continuez à vous améliorer de 1 % à la fois. Vos habitudes se transformeront en quelque chose de formidable à long terme.

Comment de minuscules habitudes transforment votre état d'esprit et votre identité

Très bien, voici quelque chose d'énorme à réaliser - de petites habitudes ne changent pas seulement vos compétences et votre physique avec le temps. Ils transforment en fait tout votre état d'esprit et votre confiance.

Lorsque vous commencez avec ces micro-habitudes, vous pouvez vous sentir stupide. Une pompe par jour - comment ça va faire de moi le prochain Rock ? Cela semble inutile.

Mais lorsque vous vous en tenez à cela, tout à coup, votre image de vous-même commence à changer. Après un mois, vous vous rendez compte - hé, je me suis en fait tenu à cette habitude de manière cohérente. J'ai suivi.

Cela transforme la façon dont vous vous percevez. Vous commencez à adopter une nouvelle identité de quelqu'un qui se présente. Un faiseur, pas seulement un rêveur. Vous avez MIS DE NIVEAU !

La confiance et l'élan font boule de neige à partir de là. Bientôt, vous augmentez à deux pompes, puis cinq, puis dix. Après un an, vous pouvez faire bien plus que vous ne l'auriez jamais imaginé en commençant par un.

Mais la force physique n'est même pas le plus grand changement. Ce qui s'est développé dans le processus, c'est la discipline, la cohérence, la confiance en soi. Votre état d'esprit s'est renforcé.

C'est énorme parce que la plupart des gens essaient d'abord de changer de l'extérieur - concentrez-vous simplement sur la mise en forme ou l'apprentissage de certaines compétences.

Mais les petites habitudes fonctionnent de l'INTÉRIEUR À L'EXTÉRIEUR. Votre confiance intérieure et votre identité grandissent en vous prouvant que vous pouvez vous montrer chaque jour.

Cela transforme progressivement qui vous êtes au fond de vous. Et à partir de ce lieu de discipline, les changements externes viennent BEAUCOUP plus facilement.

Vous avez arrosé les racines. La plante visible s'épanouit naturellement.

Les grands sont devenus plus grands à petits pas

Les maîtres le savent tous. Michael Jordan n'est pas devenu le GOAT après quelques semaines intenses de pratique.

Non, il a fallu des années de cohérence - partir des bases en tant qu'enfant, maîtriser les fondamentaux, gagner en confiance grâce à des gains de compétences supplémentaires. Brique par brique.

Yo-Yo Ma, le plus grand violoncelliste vivant, même chose - d'interminables petites étapes au fil des décennies pour affiner son art. Pas de craquements sporadiques.

Une ceinture verte connaît 50 mouvements pratiqués 1000 fois chacun. Une ceinture noire connaît 1000 mouvements pratiqués 50 fois chacun. La maîtrise exige la répétition.

Alors écoutez les experts. Abandonnez la mentalité de solution rapide. Soyez fier de ces petits gains d'habitude - ils recâblent votre esprit encore plus que votre corps.

Ça monte de niveau !

Traitez le voyage comme un jeu vidéo. Chaque micro habitude complétée est comme gagner un point XP, un badge, monter de niveau.

Célébrez les petites victoires. Le progrès prend du temps, mais comptez chaque petit pas en avant.

Avant de vous en rendre compte, vous aurez débloqué la prochaine étape de votre quête grâce aux micro-victoires accumulées. Tout s'additionne !

De minuscules habitudes vous transforment de manière holistique au fil du temps - pas seulement vos compétences ou vos scores de force.

Ils améliorent votre identité sous-jacente, votre image de soi et votre confiance.

Restez avec ces mini-habitudes et regardez-vous évoluer. Mais rappelez-vous, cela commence de l'intérieur. Une ceinture noire est un état d'esprit. Affrontez-vous d'abord.

Si vous devez retenir une chose de ce chapitre

Très bien les amis, récapitulons ce que nous avons appris dans ce chapitre avant de passer à autre chose

D'abord et avant tout - commencez tout petit ! Comme microscopique. Votre cerveau paresseux résiste aux grands changements, alors gardez cette première habitude ridiculement petite.

De minuscules habitudes contournent la résistance, renforcent la cohérence et se traduisent toujours par d'énormes résultats au fil du temps. C'est comme un code de triche !

N'oubliez pas la règle du 1 % - faites en sorte que votre habitude de départ ne représente que 1 % de l'objectif le plus important. Une pompe, une minute de lecture, un bloc de course. Gardez-le presque embarrassant facile.

Les micro-habitudes fournissent de petites victoires rapides qui vous motivent plus qu'un rêve ambitieux lointain. Activation des récompenses à court terme !

Ces petites victoires changent aussi rapidement votre identité. Une cohérence minuscule renforce la confiance et l'autodiscipline authentiques.

Suivez ces pas de bébé jour après jour, et vos compétences et votre physique se transformeront avant que vous ne vous en rendiez compte. Composés de consistance !

Approchez le changement d'habitude comme un jeu vidéo - célébrez chaque petit niveau. Ne vous laissez pas submerger par l'objectif final.

Très bien, maintenant que nous avons les bases des petites habitudes, passons à enchaîner ces petites routines ensemble pour prendre de l'élan...

Mais n'oubliez pas - commencez micro, renforcez la cohérence grâce à de petites victoires, progressez au fil du temps. De petites habitudes déclenchent la magie !

Chapitre 2 : Gros résultats - "Habit Stacking : Maîtrisez l'effet domino pour créer une dynamique sans effort"

Amis, empilons les habitudes comme des Legos

Bon escouade, il est temps de faire passer nos petites habitudes au niveau supérieur ! Dans le dernier chapitre, nous avons appris à démarrer le micro. Maintenant, nous enchaînons ces habitudes de munchkin comme des putains de Legos.

Présentation de la bête qui empile les habitudes ! Voici l'affaire - empilez plusieurs mini-habitudes dos à dos pour créer un élan fou. Chacun déclenche le suivant comme des dominos, créant une cascade de routines automatiques.

Une fois que vous enchaînez vos habitudes avec fluidité comme les perles de maman, la motivation devient un non-problème. L'habitude des trains ne s'arrête pas, bébé !

Laisse-moi peindre un tableau...

Imaginez votre flux matinal idéal :

- 7h30 : L'alarme se déclenche. Vous vous hydratez avec une boisson rafraîchissante.

- 7 h 32 : dynamisé par votre boisson, vous faites 1 pompe.

- 07h33 : pompage du sang, vous méditez pendant 1 minute.

- 7 h 34 : La méditation prépare votre concentration pour la lecture d'une page.

- 7h35 : La lecture vous donne un aperçu du journal.

Voyez comment chaque habitude dicte la suivante ? Vous vous déplacez sans heurt d'une routine à l'autre comme un écureuil sautant entre les arbres.

Une fois que vous obtenez cet élan d'habitude, votre productivité explose ! C'est l'élan bébé ! Aucune friction ou motivation requise.

Visualisez vos habitudes comme des rampes Domino épiques

Très bien, maintenant que nous avons pris nos petites habitudes, parlons de les enchaîner pour un maximum d'élan. C'est là que la magie commence vraiment !

Voici ce que nous devons faire - visualiser la mise en place de dominos dans une séquence intelligente, chaque habitude se renversant sur la suivante. Gardez cette image mentale ferme.

Imaginez votre routine matinale comme un parcours de dominos élaboré qui serpente dans les escaliers, dans les couloirs, tous interconnectés. Une astuce de tuile, des cascades se déclenchent !

Ce premier domino est votre réveil - qui renverse ensuite votre habitude d'hydratation - ce qui vous incite à vous changer en vêtements d'entraînement - ce qui déclenche votre entraînement réel - qui se termine par une récupération de boisson protéinée. BOOM!

Chaque habitude est construite intentionnellement pour se démarquer de la précédente et s'enchaîner de manière transparente. Cela crée une dynamique rapide.

Aucune friction, aucune hésitation, aucune motivation nécessaire. Une seule habitude déclenche automatiquement la suivante car votre routine est composée.

C'est comme connecter des wagons de train avant de quitter la gare - vous montez à bord pour le trajet et le moteur vous emmène sans effort. Destination Domination !

Cet effet d'enchaînement fonctionne pour tous les domaines de la vie : santé, productivité, croissance personnelle, apprentissage, créativité. Quel que soit le but.

Transformez ces petites habitudes en une machine Rube Goldberg entièrement automatique

Une séquence d'habitudes bien conçue est comme une machine Rube Goldberg. Vous lancez une action simple et une réaction en chaîne élaborée se produit.

Soudain, vous écrasez tout votre flux matinal avec facilité, sans perdre de temps. Vous passez directement de ce premier domino au mode bête de productivité optimisée !

Encore une fois, la clé est de planifier des paires qui se signalent :

- Après le café du matin, méditez pour vous concentrer

- Après la méditation, enfilez des vêtements d'entraînement pour déclencher l'exercice

- Après l'exercice, buvez un smoothie pour faire le plein

Les actions s'enchaînent. Aucun effort ni discipline requis - laissez simplement la chaîne de dominos vous guider une fois installé.

Cela fonctionne aussi pour les routines du soir :

- Après le dîner, passez la soie dentaire et brossez-vous les dents

- Après le brossage, lisez pour les loisirs

- Après lecture, faites une réflexion de 5 minutes dans votre journal

- Après la journalisation, préparez-vous pour le lit

Créez des séquences fluides adaptées à votre style de vie. Expérimentez pour trouver ceux qui correspondent à vos rythmes et besoins naturels.

Mais gardez ce visuel de dominos d'habitude élaborés tous connectés. Ce plan mental l'aide à cliquer inconsciemment.

Reposez-vous sur les routines d'habitude existantes pour un élan gratuit

Voici un autre hack sournois pour créer un élan d'habitude tueur : greffez de nouvelles habitudes sur des routines existantes que vous faites déjà sans réfléchir.

La beauté est que vous sautez la partie difficile d'établir une nouvelle routine à partir de zéro. Au lieu de cela, exploitez gratuitement les anciens rituels dans lesquels vous êtes enfermé !

Comme mon garçon Thibault. Chaque matin, il commence sa journée avec du jus - ne le saute jamais. Il a donc décidé d'empiler sa nouvelle habitude de pompes juste après avoir versé son jus d'orange.

Après avoir bu du jus, Thibault se laisse immédiatement tomber et fait 10 pompes avant toute autre chose dans sa matinée. Puis il répète quotidiennement.

Au fil du temps, il a augmenté les répétitions de pompes, mais les a gardées enchaînées à sa routine de jus non négociable. Après un an, il faisait 100 pompes - mais ça n'a jamais été difficile !

Regarde comment ça marche? Son habitude incassable de jus a créé un élan automatique pour faire constamment des pompes. Le nouveau comportement vient se greffer sur les anciens.

Le cerveau de Thibault a commencé à avoir envie des pompes dans le cadre de son rituel matinal, car elles étaient collées à sa sacro-sainte habitude de jus. Pas besoin de motivation !

Cette méthode vous permet d'augmenter progressivement l'intensité de n'importe quelle habitude sans perdre de la vapeur. Il reste ancré aux rituels d'élan existants.

À quelles routines pouvez-vous vous greffer ?

Jetez maintenant un coup d'œil à vos routines habituelles - quelles habitudes quotidiennes faites-vous déjà sur le pilote automatique complet ? Des choses comme:

- Café matinal

- Brosser tes dents

- Se détendre avec une émission de télévision en soirée

- Boire un verre de vin avec le dîner

- Vérifier votre téléphone au lit

Ce sont des premiers dominos parfaits pour empiler de nouvelles habitudes !

Choisissez l'un de vos déclencheurs de routine, puis ajoutez votre nouvelle habitude juste après. Par exemple:

- Après le café du matin, méditez pendant 1 minute

- Après le brossage des dents, faites 10 pompes

- Après l'émission télévisée, lisez 1 chapitre

- Après le vin, étirez-vous pendant 5 minutes

Lorsqu'il est enchaîné à une habitude existante, votre nouveau comportement hérite de sa cohérence automatique ! Le moteur tourne déjà - montez à bord.

Tirez parti de l'ancien élan pour créer de nouvelles routines. Identifiez vos habitudes non négociables et superposez-les.

Le portage fait des merveilles. Mais vous devez quand même travailler pour concevoir des séquences efficaces. Expérimentez pour trouver vos chaînes parfaites.

Comment les génies du marketing utilisent la même tactique pour tromper votre cerveau

Les gourous du marketing de KitKat étaient des génies fous lorsqu'ils ont inventé leur célèbre slogan "Have a Break, Have a KitKat".

Ces chats intelligents ont réalisé que les employés de bureau avaient déjà l'habitude bien ancrée de prendre des pauses café régulières pour se ressourcer. Cela a donné à KitKat la routine parfaite sur laquelle s'appuyer !

Les publicités disaient essentiellement : Yo les drones de bureau ! Lorsque vous prenez votre pause horaire pour faire le plein de java, enchaînez également le déballage de nos délicieuses barres de gaufrettes.

KitKat devient une partie de votre routine café sacrée - deux habitudes liées ! Le cookie profite de l'élan déjà établi de la dose de caféine.

Brillant non ? Maintenant, chaque fois que quelqu'un verse une tasse, sa réponse pavlovienne est "doit... aussi... dévorer... du chocolat..."

KitKat habitue le cerveau à associer leur ruée vers le sucre à la routine du café déjà verrouillée. Les vieilles habitudes en alimentent de nouvelles. Deux oiseaux, une pierre !

Alors prenez une page du livre de KitKat. Lorsque vous cherchez à créer de nouvelles habitudes, recherchez les rituels existants auxquels vous pouvez les associer de manière transparente.

Tirez parti de l'ancien élan plutôt que de partir de zéro. Associez intelligemment les habitudes comme une barre chocolatée qui se superpose à la nostalgie de la pause-café. Tu as ça!

Construisez votre gratte-ciel d'habitude brique par brique

D'accord, les fêtards, lorsque vous concevez méticuleusement vos séquences d'habitudes, cela change la vie. Es-tu prêt pour ça?...

Vous construisez progressivement l'infrastructure qui façonne toute votre existence.

Boom! Laissez cela pénétrer...

Vos habitudes deviennent l'échafaudage et les fondations sur lesquelles repose votre style de vie. Le plan même du déroulement de vos journées.

Avec une bonne planification, les cascades et les piles que nous traçons transforment notre santé, notre productivité, nos relations, notre croissance personnelle, etc.

Chaque petite habitude est comme poser une autre brique, assembler lentement votre gratte-ciel d'habitude. L'effort est minime, mais les résultats s'additionnent à quelque chose d'énorme.

Prenez vraiment le temps d'organiser soigneusement vos habitudes pour des chaînes optimales. Vous construisez littéralement votre vie un domino à la fois bébé !

Construire une infrastructure d'habitudes saines

Envie de sculpter un physique incroyable ? Empilez ensuite méthodiquement les micro-habitudes de fitness dans votre journée.

C'est peut-être :

- Exercices de mobilité du matin

- 10 pompes après le café

- Faire des promenades pendant les pauses du déjeuner et de l'après-midi

- Faire des planches pendant que le dîner est au four

- S'étirer pendant les pauses publicitaires des émissions télévisées

Voyez comment chacun coule dans le suivant? Avec le temps, ces habitudes construisent une forteresse de fitness à toute épreuve grâce à des briques incrémentielles.

Même idée pour l'infrastructure de productivité. Empilez des choses comme :

- Vérification de la tâche la plus importante en premier lieu

- Traverser les distractions pour terminer la priorité absolue

- Blocage du temps dans le calendrier pour planifier le lendemain

- Capturez toutes les idées aléatoires dans un cahier, même si une seule phrase

- Réviser le calendrier tous les vendredis pour optimiser la semaine à venir

Encore une fois, une micro habitude posée après l'autre crée l'échafaudage. Vos journées deviennent des machines efficaces.

Vous devez devenir le Michel-Ange de la planification des habitudes

Très bien, écoutez bien, car cette partie est essentielle. Je ne saurais trop insister sur l'importance de devenir méticuleux dans la planification de vos piles d'habitudes.

Ne vous contentez pas de claquer quelques habitudes avec désinvolture et de l'appeler un jour. Faire cette bêtise, c'est comme construire une maison sur des fondations de mauvaise qualité - elle s'effondrera rapidement.

Pour que ces chaînes d'habitudes restent à long terme, vous devez réfléchir à leur conception. Devenez le Michel-Ange des séquences d'habitudes - créez des cascades magistrales.

Mettez-vous au travail dès le départ pour analyser votre style de vie et expérimenter différents appariements. Apprenez vos rythmes naturels.

Trouvez des séquences qui s'intègrent parfaitement à votre flux quotidien. Les déclencheurs et les transitions doivent cliquer naturellement, ne pas se sentir forcés.

Par exemple, disons que vous détestez les matins et que vous êtes groggy pendant des heures après vous être levé du lit. N'essayez pas d'empiler des exercices intenses juste après le réveil.

Au lieu de cela, mettez des habitudes de mouvement après votre café du matin, lorsque vous vous sentez plein d'énergie et motivé. Alignez-le avec vos pics d'énergie naturels pour la durabilité.

Plus vous testez et élaborez consciencieusement ces dominos d'habitudes, plus vos routines importantes deviennent automatiques. De minuscules changements s'intègrent sans effort dans un meilleur style de vie.

Cela demande du travail, mais concevoir ces séquences change la donne. Vous construisez lentement l'échafaudage de votre destin, brique par brique.

Imaginez des années à partir de maintenant en regardant en arrière l'empire que vous avez construit en posant régulièrement chaque base d'habitude jour après jour. C'est un héritage !

Mais tout commence par prendre le temps de devenir un artisan de la planification des habitudes. Tu as ça. Maintenant, concevez !

Si vous devez retenir une chose de ce chapitre

Récapitulons les points clés sur les habitudes d'empilage comme les Legos avant de passer à autre chose :

Le nom du jeu est l'élan - enchaînez ces petites habitudes dos à dos pour créer des cascades de routine.

Planifiez soigneusement les séquences afin que chaque habitude déclenche automatiquement la suivante. Ingénierie de l'effet domino !

Lorsque les habitudes se superposent dans un flux logique, votre productivité décolle. Aucune friction ou motivation nécessaire!

Visualisez la mise en place de dominos - une habitude renverse la suivante. Sentez l'élan se créer à chaque chute !

Utilisez l'empilement des habitudes pour n'importe quel domaine - santé, travail, apprentissage, relations, croissance personnelle. Cascades fonctionne partout.

Soyez créatif avec vos paires d'habitudes en fonction de votre style de vie. Thé du matin > méditation > exercice en est un exemple.

Ajoutez également de nouvelles habitudes à d'anciennes routines. L'élan existant est votre ami ! Ajoutez des pompes après le café, etc.

Lorsque vous séquencez méticuleusement vos habitudes, vous construisez l'infrastructure d'un style de vie formidable. Brique par brique!

Momentum de routine atteint par la conception. L'empilement des habitudes fait passer votre jeu au niveau supérieur une fois que de petites habitudes sont verrouillées.

Mais cela ne fonctionne que grâce à une planification réfléchie et à un séquençage intelligent. Les habitudes insensées dispersent votre énergie.

Très bien, maintenant que nous avons cette cascade d'habitudes, passons aux relations sociales...

Tirer parti des partenaires de responsabilisation, des groupes et de la pression des pairs soutient la motivation, comme nous le verrons ensuite. Allons-y!

Chapitre 3 : Responsabilité sociale - "La pression des pairs est bonne : exploitez le pouvoir des partenaires responsables"

Amis, prenez votre équipe et effacez ces objectifs

Essayer de se faire déchiqueter ou d'écrire des romans ou d'apprendre des langues en solo, c'est du masochisme. C'est juste vous contre votre cerveau, et votre cerveau est un haineux.

Avant longtemps, vous vous ennuyez, vous n'êtes pas motivé et vous faites défiler Instagram au lieu d'avoir des habitudes de broyage. Pas cool!

C'est pourquoi nous devons devenir sociaux avec cela, les amis. Entourez-vous de bêtes hype qui vous élèvent, ne vous abattent pas. Tirons parti de la puissance des escouades pour de bon !

Recrutez des partenaires de responsabilité pour un bonus de mise sous tension

Très bien, essayer de mettre en œuvre de grands changements en solo, c'est comme entrer dans une bataille de boss sans aucune potion ni bonus. Folie !

Le geste intelligent consiste à recruter des partenaires de responsabilité pour se joindre à votre quête. Ils fournissent cette douce motivation et cet élan communautaire !

Avoir ne serait-ce qu'un seul copain responsable, c'est comme déverrouiller un power-up star dans Mario Kart. Ils vous permettent de naviguer sur l'autoroute de l'habitude à toute vitesse avec le moral au maximum.

Voici pourquoi cela fonctionne - savoir que quelqu'un d'autre surveille vos progrès signifie que vous NE POUVEZ PAS trouver d'excuses ou vous mentir. Vous vous sentirez obligé d'écraser les séances d'entraînement et de vous en tenir aux plans.

Après tout, vous ne voulez pas décevoir votre partenaire de gym en vous relâchant ! Laisser tomber votre équipe est le pire. Ainsi, vous broyez 10 fois plus fort ensemble que seul.

Et lorsque vous partagez le voyage de construction d'habitudes avec d'autres, réussir devient beaucoup plus amusant ! Essayer de PR votre squat se sent mieux lorsque vos coéquipiers vous encouragent.

Partager la lutte crée beaucoup plus de camaraderie et de motivation que l'entraînement en solo. Nous sommes des créatures sociales par nature. Avoir une équipe qui vous soutient change la donne.

Pensez donc à rendre publique toute habitude que vous essayez de développer. Partagez vos objectifs sur les réseaux sociaux. Trouvez des amis en ligne. Parler de ça.

Et essayez de vous associer directement à des personnes proches de vous poursuivant des objectifs similaires, comme un copain d'entraînement ou un partenaire d'écriture. Gardez-vous mutuellement sur la bonne voie !

Même le simple fait de s'engager envers une personne aide - vous voudrez inconsciemment éviter de la décevoir en abandonnant. C'est le pouvoir de la pression des pairs et des attentes !

Utilisez-le à votre avantage. Entourez-vous d'hommes branchés, de motivateurs et d'alliés. Rendez vos habitudes ouvertes et sociales pour ce doux bonus de responsabilité !

Exploitez la puissance des tribus du World Wide Web et des applications Habit

Vous ne trouvez pas d'amis locaux qui partagent votre passe-temps décalé ? Pas de soucis, la tribu en ligne vous soutient !

Écoutez, tout le monde n'a pas la chance d'avoir un groupe d'amis en personne qui partage votre passion pour la vannerie sous-marine ou le combat à l'épée médiéval. Et c'est bien!

Grâce à l'interwebz, vous pouvez désormais trouver des cinglés partageant les mêmes idées qui s'intéressent à votre créneau de n'importe où dans le monde. La tribu en ligne est mondiale, bébé !

Sérieusement, pour tout passe-temps sous le soleil, il existe des forums, des groupes et des applications à rejoindre. Partagez vos progrès d'habitude de combat à l'épée ! Posez des questions sur les techniques de vannerie !

Voir les publications de camarades maniant l'épée et fabriquant des paniers procure de la camaraderie, de l'inspiration et de la responsabilité. Tu as ça!

Ainsi, même sans amis locaux, le Web mondial fournit une communauté pour vous aider à vous en tenir à vos objectifs non conventionnels.

Explorons quelques options...

Reddit pour tous vos objectifs

Reddit est une option incroyable pour la responsabilité et la discussion autour de n'importe quel objectif ou passe-temps sous le soleil. Sérieusement, c'est effrayant et impressionnant.

Il existe des subreddits pour des habitudes comme le fitness, la méditation, l'écriture, la musique et bien plus encore. Vous trouverez des membres à tous les niveaux partageant des histoires et des conseils.

Publiez vos difficultés en restant cohérent et les gens vous donneront des encouragements et des stratégies. Partagez vos micro-habitudes et les gens célébreront vos petites victoires.

Voir les messages d'autres personnes sur le même parcours fournit de la motivation et de la camaraderie. Vous pouvez poser des questions lorsque vous êtes bloqué et échanger des hacks d'habitudes.

Et s'il n'y a pas encore de subreddit pour votre passe-temps spécifique, vous pouvez en créer un ! Construisez la communauté que vous souhaitez exister.

Applications de fitness pour les copains d'entraînement virtuels

Pour les habitudes d'exercice, des applications comme Strava et Fitbit vous permettent de suivre les courses, les promenades, les entraînements et plus encore. Vous pouvez rejoindre des groupes, suivre des amis et vous féliciter mutuellement.

Savoir que les autres verront vos statistiques d'entraînement quotidiennes vous donne la responsabilité de continuer à atteindre vos objectifs. Vous pouvez même partager des plans d'entraînement et des conseils nutritionnels.

C'est incroyable à quel point il peut être motivant d'obtenir un "Félicitations !" de quelqu'un sur Internet pour votre dossier personnel à long terme. Nous aspirons à l'approbation sociale, même virtuellement !

La recherche confirme que les applications de fitness social augmentent la cohérence et les niveaux d'effort même sans interaction en personne. Alors attachez votre téléphone et parcourez des kilomètres !

Responsabilité financière avec StickK

Si vous avez besoin d'une motivation encore plus extrême, consultez des applications d'habitude comme StickK qui vous permettent de mettre de l'argent en jeu.

Vous pouvez définir des enjeux financiers attachés à vos objectifs, comme perdre 5 dollars ou publier 5 articles. Si vous échouez, l'argent vous est facturé ou donné.

Vous nommez un arbitre responsable pour confirmer si vous atteignez les objectifs de la semaine. Les manquer signifie des frais de pénalité!

Lorsque votre portefeuille est en jeu, vous êtes beaucoup plus susceptible de vous en tenir à cette habitude. La peur de perdre de l'argent est une grande motivation.

Les communautés en ligne sont source d'inspiration même lorsqu'elles ne sont pas en personne. Alors, puisez dans les tribus du monde entier ! Le simple fait de voir les progrès des autres peut propulser vos propres habitudes.

Cherchez votre peuple pour libérer la grandeur

Très bien, essayer d'atteindre la grandeur en solo vieillit très vite. Se pousser sans personne avec qui partager le voyage est ennuyeux.

Bien sûr, nous aimons tous une bonne histoire d'opprimé sur un héros solitaire. Mais dans la vraie vie, le succès durable dépend beaucoup de la communauté. Comme le dit le proverbe africain : « Si tu veux aller vite, vas-y seul. Si tu veux aller loin, vas-y ensemble.

Prenons la course à pied par exemple. Essayer de vous motiver à parcourir des kilomètres en solo tous les jours est BRUT. Avant longtemps, vous sautez des courses et trouvez des excuses.

Mais rejoignez une équipe de course, et tout à coup, vous poussez plus fort pour suivre le peloton ! Vous vous sentez responsable de vous présenter. Avoir des gens qui vous attendent le rend également beaucoup plus amusant.

C'est pourquoi des choses comme les boîtes CrossFit, les clubs de cyclisme, les équipes de basket-ball et bien d'autres sont si populaires. S'entraîner aux côtés d'autres personnes offre une communauté, une compétition et une camaraderie qui manquent à l'entraînement solitaire.

Vous ne me croyez pas ? Demandez à David Goggins, l'un des athlètes d'ultra-endurance les plus endurants au monde. Il jure que son passé militaire avec une formation d'équipe intense a conduit à son succès.

Nous sommes des créatures sociales câblées pour profiter d'une activité partagée. Poursuivre des objectifs en solo est un mode inutilement difficile. N'essayez pas de vous muscler seul. Cherchez votre peuple!

Trouvez votre tribu à travers les clubs et les meetups

Une excellente façon de le faire est de rechercher des clubs, des cours ou des groupes de rencontre autour de vos passe-temps ou objectifs existants. De cette façon, il y a une communauté intégrée.

Comme un club de course si vous voulez vous en tenir à une habitude de course. Un centre de méditation si vous essayez de méditer davantage. Un groupe d'écriture si vous aspirez à écrire. Vous avez eu l'idée.

N'hésitez pas non plus à vous présenter seul et à rencontrer d'autres passionnés. La plupart des membres sont ravis d'accueillir des débutants passionnés. Sautez le pas !

Une autre option consiste à former des groupes Facebook autour d'objectifs spécifiques comme arrêter de fumer, lire davantage ou se réveiller tôt. Crowdsource copains de responsabilité.

Regardez en ligne et hors ligne. Il existe probablement toutes sortes de communautés déjà établies autour de vos objectifs. Trouvez votre tribu de niche !

Pour plus de camaraderie, associez-vous directement à un ou deux amis qui partagent vos objectifs. Connectez-vous régulièrement et encouragez-vous les uns les autres.

Avoir un seul compagnon d'entraînement ou partenaire d'écriture cohérent fait une énorme différence. Vous vous sentez plus responsable lorsque quelqu'un s'attend à ce que vous vous présentiez.

Alors, contactez ces clubs et groupes pour trouver ces 1-2 copains de responsabilité idéaux. Votre voyage partagé sera beaucoup plus agréable et durable ensemble.

Diffusez votre parcours pour booster votre équipe

Vous avez rassemblé votre groupe de responsabilité. Il est maintenant temps de laisser entrer pleinement ces bêtes hype dans votre monde !

Partagez les hauts et les bas de votre parcours d'habitudes avec le groupe. Cela permet à tout le monde de vous encourager.

Publiez publiquement vos objectifs, vos photos de progression, vos statistiques d'habitudes, vos relations publiques, vos défis, vos mini-victoires... tout cela. Célébrez les jalons en équipe.

Parlez du rêve que vous poursuivez et de toutes les micro-étapes en cours de route. Emmenez votre communauté avec vous.

Lorsque vous partagez ouvertement, votre équipe se sentira plus inspirée pour vous soutenir. Ils célébreront vos relations publiques habituelles et vous aideront à résoudre les problèmes.

Fondamentalement, mettez vos amis au courant de la vraie affaire - victoires, luttes, percées, tout. Donnez vie à votre voyage !

Cela vous permet également de vous sentir motivé et responsable. Vous ne voudrez pas cacher de mauvais progrès ou des raccourcis à votre équipe.

Utilisez donc n'importe quel outil pour partager votre quête - médias sociaux, discussions de groupe, vlogs, tableaux de vision. Quoi que vous fassiez, ouvrez-vous !

Laissez votre équipe hype voir votre engagement. Ensuite, regardez-les vous encourager plus fort que les parents sportifs ivres à mesure que vous progressez !

Exploitez les médias sociaux pour de bon

Des plateformes comme Instagram et Facebook sont parfaites pour cela. Partagez votre dernière levée de relations publiques. Publiez des tableaux de kilométrage hebdomadaires. Exhibez des traînées d'habitude.

La ruée vers l'endorphine des likes et des commentaires est incroyablement motivante. Le renforcement positif vous fait revenir.

Et ne vous sentez pas vain - ce n'est pas seulement la pêche aux compliments. Vous exposez vos intentions pour les cristalliser. Engagement public effet bébé !

De plus, savoir que les autres regardent crée la responsabilité de continuer à progresser. Vous travaillerez plus fort pour éviter de décevoir vos regards.

Alors publiez ces selfies de gym et tenez-vous au feu ! Faites le vœu de ne partager que les victoires et les jalons, pas les excuses. Karma des médias sociaux inspiré.

Célébrez les jalons en équipe

Au-delà des plateformes sociales, marquez également les jalons de vos habitudes directement avec votre entourage. Faites la fête après avoir atteint une grande cible !

Sortez dîner, partagez du champagne, échangez des high fives. Faites un rituel pour célébrer ensemble les victoires des habitudes clés.

Partager le voyage apporte plus de joie à la mouture. Les gens investissent davantage dans les objectifs lorsqu'ils sentent qu'ils font partie de l'histoire. Laissez-leur aussi votre succès !

Tirez également parti de votre équipage pour une compétition saine. Lorsque vous voyez des amis marquer des « victoires », cela vous pousse à passer à la vitesse supérieure.

Par exemple, si votre ami lit deux livres par mois, vous vous sentirez inspiré pour augmenter votre volume de lecture et atteindre également de nouveaux PR.

La compétition augmente les performances de chacun. Utilisez-le pour motiver, pas pour décourager. Les relations publiques habituelles peuvent être contagieuses !

Soyez donc ouvert sur vos statistiques et vos progrès. Laissez les membres de l'équipe voir votre engagement et vos chiffres. Exploitez ces jus compétitifs pour de bon.

Zuck transforme ses objectifs annuels en or sur les réseaux sociaux

Pendant que nous parlons de responsabilité publique, nous devons parler de la stratégie de partage d'habitudes avisée de Mark Zuckerberg. Ce mec est au niveau supérieur avec ça!

Au début de chaque année, Zuck annonce ses objectifs personnels et ses ambitions pour les 12 prochains mois. Et nous parlons de choses importantes - apprenez le mandarin, lisez 25 livres, vous savez, des résolutions décontractées.

Mais cela ne s'arrête pas là. Tout au long de l'année, il donne des mises à jour fréquentes sur ses progrès. Célèbre les micro-victoires et les jalons. Il partage les leçons apprises.

Et son support préféré pour ces mises à jour de parcours d'habitude ? Ouais, vous l'avez deviné - les médias sociaux à ses millions de followers !

Zuck diffuse ses objectifs et ses vérifications de responsabilité dans le monde entier. Pas de filtres de confidentialité ici, juste une journalisation publique directe.

Et vous feriez mieux de croire que la pression de savoir que des millions de personnes surveillent ses objectifs empêche Zuck de s'en tenir aux plans. Il a déclaré publiquement que la responsabilité l'aidait à aller jusqu'au bout.

C'est la pression sociale et l'engagement public sous stéroïdes. Zuck ne peut pas tomber du wagon des habitudes sans avoir l'air mauvais quand tous les yeux sont rivés sur lui.

Il tire parti du battage médiatique de ses followers pour rester motivé. Et ses messages de progression fréquents continuent également d'attiser les flammes. Bien joué monsieur !

Bien sûr, être le PDG du plus grand réseau social au monde lui donne un avantage injuste. Mais les plats à emporter s'appliquent toujours.

Rendre vos objectifs publics et partager le parcours vous permet de rester responsable. Laissez les gens suivre vos progrès et vous encourager !

Prenez donc une page du livre de Zuckerberg. Dites au monde ce que vous essayez d'accomplir cette année, puis racontez l'aventure.

Évidemment, vous n'avez peut-être pas des milliards de followers comme Zuck (jaloux !). Mais partagez les mises à jour, même si ce n'est que pour votre entourage. Ils veulent vous soutenir !

Si vous devez retenir une chose de ce chapitre

Récapitulons ce qu'il faut savoir pour devenir social avec des habitudes :

Essayer de travailler en solo est de la folie - nous avons besoin d'équipes pour rester motivés et honnêtes.

Trouvez un partenaire responsable pour booster vos habitudes. Rendez-le public pour créer des attentes mutuelles.

Les communautés en ligne offrent également une camaraderie à distance et de l'inspiration. Utilisez Reddit, des applications, des groupes.

La recherche confirme que la pression sociale améliore la cohérence, même virtuellement. Trouvez votre peuple.

Rejoignez des clubs et des rencontres autour de vos passe-temps et objectifs pour une communauté intégrée.

Ayez des partenaires d'entraînement et partagez votre parcours d'habitude pour la responsabilité et la compétition amusante.

Utilisez des messages de série et des photos de progression pour vous motiver mutuellement. Hygiène positive !

Au fur et à mesure que les habitudes deviennent contagieuses dans votre équipe, vous finissez par vous motiver mutuellement. Les marées montantes soulèvent tous les bateaux !

En bout de ligne - arrêtez d'essayer de porter le monde en solo. Nous avons besoin de compagnie et de la pression des pairs.

Entourez-vous d'alliés partageant le voyage. Épanouissez-vous ensemble.

Très bien, maintenant que nous avons maîtrisé le pouvoir du groupe, parlons de la vraie magie noire - les intérêts composés ! C'est le changeur de jeu...

Chapitre 4 : Succès composé - L'effet composé d'habitudes disciplinées au fil du temps

Amis, de minuscules pas créent un changement massif... finalement

D'accord les amis, il est temps de parler du secret des habitudes du grand papa : les intérêts composés !

Pas aussi sexy que cela puisse paraître - nous n'entrons pas dans les comptes du marché monétaire. Mais appliqué aux habitudes, la capitalisation est un changeur de jeu absolu.

Tenez-vous suffisamment longtemps aux micro-habitudes et les résultats augmentent de façon exponentielle au fil du temps. Nous parlons de changement de niveau de ninja sournois.

C'est comme un effet boule de neige... vous commencez petit, mais en prenant de l'élan, cette boule de neige se transforme en un rocher géant qui s'écrase sur la montagne. Tiny devient titanesque.

Décomposons-le...

Composition 101

Vous souvenez-vous des intérêts composés du cours de mathématiques ? Concept ennuyeux, mais fou puissant dans le temps.

Vous n'investissez que 100 dollars par mois avec un rendement annuel de 10 %. Après une décennie, il est passé à 19 000 $. Vingt-cinq ans, 118 000 $. Quarante-sept ans, plus d'un million de dollars !

Les sites Web se développent de la même manière. Continuez à écrire régulièrement pendant des années, et votre petit blog attirera plus de lecteurs et de revenus au fil du temps.

La clé est la cohérence. Vous devez régulièrement ajouter des efforts sans longues pauses, sinon la progression est remise à zéro. Sauter des jours détruit la capitalisation.

Comment les habitudes s'aggravent

Décomposons-le...

Identique à l'intérêt composé - vous contribuez régulièrement de petites sommes et la croissance s'accélère de façon exponentielle. Avant de vous en rendre compte, vous avez un gros compte bancaire.

Mais comment cela s'applique-t-il aux habitudes? Excellente question, cher lecteur paresseux !

Les mécanismes sont les mêmes - de petites actions cohérentes s'accumulent bien plus rapidement que prévu. Prenez les pompes par exemple.

Une pompe moche ne nécessite pratiquement aucun effort. Mais faites juste cette seule répétition tous les jours pendant un an d'affilée, et vous aurez fait 365 pompes sans vous en rendre compte !

Mais imaginez que vous augmentez régulièrement de 20 % le nombre de pompes que vous faites chaque mois.

Après 5 ans de cette habitude quotidienne, vous aurez effectué 1, plus de 10 000 pompes. C'est 100 fois plus que ce que vous imaginiez lorsque vous avez commencé.

Les répétitions semblent triviales au jour le jour. Mais la production augmente considérablement au fil du temps grâce à une cohérence implacable. Les pompes commencent à s'accumuler rapidement !

C'est la même histoire avec la méditation. Une minute misérable ne semble pas beaucoup en soi.

Mais respectez cette micro-habitude chaque jour, développez-la régulièrement et après une décennie, vous aurez médité pendant des milliers d'heures ! Une minute est devenue des milliers d'heures. Dis-moi que ce n'est pas fou !

Encore une fois, il est facile de sous-estimer à quel point même de petites habitudes sont payantes à long terme grâce à des gains cumulés.

Toute habitude fonctionne de cette façon - lire, écrire, tenir un journal, apprendre la guitare. De petits progrès réalisés régulièrement accumulent les résultats en grand.

Mais, et c'est la clé, vous devez absolument faire des répétitions quotidiennement pour que les gains composés opèrent leur magie.

Sauter des jours réinitialise constamment la progression à zéro. Vous devez nourrir l'oiseau chaque jour sans faute. La cohérence avant tout.

C'est pourquoi la plupart des gens ne voient pas les résultats de leurs habitudes - ils s'attendent à de grands changements immédiatement. Lorsqu'ils n'ont toujours pas de pack de six après une semaine de pompes, ils abandonnent.

Mais la véritable transformation se produit au fil des mois et des années de micro-habitudes qui s'accumulent progressivement en arrière-plan. Les résultats finissent par étonner mais il faut tenir le coup.

C'est comme accumuler lentement des intérêts composés sur un compte bancaire - la croissance exponentielle n'est pas évidente au début. Mais après des années de dépôts, tout à coup vous avez une fortune.

Soyez donc patient avec vos habitudes ! Embrassez les gains composés graduels. Rappelez-vous le sage dicton - "pouce par pouce, la vie est un jeu d'enfant; mètre par mètre, la vie est dure." Prenez-le pouce par pouce !

Micro-optimisez vos habitudes grâce à des gains marginaux

Nous avons expliqué comment de petites actions cohérentes se transforment en résultats énormes au fil du temps. Maintenant, composons cela encore plus en utilisant ce que les athlètes appellent des gains marginaux.

Cette astuce simple peut considérablement augmenter les résultats de vos habitudes. L'essentiel est de micro-optimiser chaque petit détail lié à votre routine.

Les athlètes d'élite sont passés maîtres dans ce domaine. Ils modifient de manière obsessionnelle la nutrition, le sommeil, la forme, l'équipement, la récupération, la préparation mentale et plus encore.

Aucune optimisation ne fait à elle seule une grande différence. Mais ensemble, ces améliorations de 1 % créent des avantages considérables.

Prenez les cyclistes professionnels par exemple. Ils peuvent ajuster méticuleusement :

- Angle de selle de vélo d'un demi-degré

- Testez d'innombrables conceptions de casques aérodynamiques

- Essayez différentes marques de gel énergétique pour faire le plein

- Composez les besoins en nutrition et en hydratation

- Variez les lieux et les techniques de formation

- Affiner les étirements de récupération et le roulement de mousse

Individuellement, ces changements n'ont aucun sens. Mais au fil du temps, ils se sont accumulés dans d'énormes résultats de course et des podiums. De minuscules gains deviennent massifs grâce à des gains marginaux.

Cela fonctionne pour n'importe quelle habitude. Réfléchissez à la façon dont vous pouvez améliorer chaque aspect de seulement 1 % :

Avec l'exercice - ajoutez une répétition, perfectionnez votre forme, concentrez-vous sur la respiration, les étirements de récupération, l'apport en protéines. Ajustez tout ça !

Méditation - prolongez-la d'une minute, affinez votre posture, essayez différentes musiques, changez de lieu. Micro-optimisez !

Écriture - changez de lieu pour inspirer la créativité, utilisez des applications pour éliminer les distractions, expérimentez avec différents stylos. Identifier et améliorer les petits facteurs.

Lorsque vous suivez et réglez tous ces détails granulaires, votre routine habituelle augmente de façon exponentielle. Tout s'empile !

Soyez 1 % meilleur chaque jour

Efforcez-vous d'améliorer 1 % vos habitudes chaque jour par petites étapes :

- Une poussée supplémentaire

- Posture de méditation parfaite - Élimine une distraction

- Se réveiller 15 minutes plus tôt

Ces micro-gains s'accumulent rapidement. Avant que vous ne vous en rendiez compte, vos habitudes sont radicalement améliorées grâce à des progrès incessants de 1 %.

Inspirez-vous donc des athlètes d'élite et de leur microgestion compulsive. Suer les petites choses! De minuscules optimisations finissent par créer des résultats massifs.

Les habitudes lentes et régulières gagnent la course grâce à la mentalité de tortue

En ce qui concerne les habitudes, une cohérence lente et régulière battra toujours des sprints intenses suivis d'un épuisement. Nous devons canaliser cette vieille mentalité sage de tortue.

Il est facile de devenir trop impatient et d'essayer de passer en mode lièvre complet par les portes. Vous suivez un régime ou un entraînement intense alimenté par la motivation, déterminé à ce que cette fois soit différente !

Mais soyons réalistes - cette intensité ambitieuse ne dure jamais. Après une semaine ou deux, vous êtes frit et prêt à jeter l'éponge. Aller dur et vite se retourne contre vous.

La tortue sait mieux. Il le prend lentement avec une détermination calme et constante. De minuscules progrès progressifs jour après jour.

Cela peut sembler douloureusement lent au début, en se rapprochant de la ligne d'arrivée. Mais la tortue finit par y arriver grâce à une cohérence disciplinée.

Appliquez cela à vos habitudes. Ne vous fixez pas immédiatement sur une transformation rapide ou sur de gros chiffres. Prenez-le pouce par pouce avec des micro-habitudes pratiquées quotidiennement.

Alors rythmez-vous pour le long match. Soyez 1 % meilleur grâce à des micro-habitudes réalisables par rapport à des rafales intenses. Les progrès s'accumuleront régulièrement.

Établissez la discipline et l'état d'esprit de la patience pour maintenir les habitudes au fil des ans. La composition fonctionne sa magie en arrière-plan si vous vous y tenez!

Faites confiance au processus - respectez-le même lorsque vous ne voyez pas de résultats

Très bien, c'est l'un des changements d'état d'esprit les plus difficiles mais les plus critiques pour que les habitudes s'enclenchent : faire confiance au processus.

Parfois, vous pouvez vous en tenir assidûment à vos micro-habitudes, mais vous ne voyez toujours pas de progrès évident après un mois ou deux. C'est normal! Soyez patient et gardez la foi.

Il faut du temps pour que de minuscules gains s'accumulent de façon spectaculaire. Mais ils s'accumulent en arrière-plan même quand cela semble invisible au jour le jour.

Vos efforts s'accumulent en silence - ces représentants de micro-habitudes jettent les bases. Même si vous ne remarquez pas encore de changements, les voies neuronales deviennent câblées.

La cohérence prépare maintenant le terrain pour des résultats massifs plus tard. Mais tu dois faire confiance au processus. Ne vous laissez pas décourager par des progrès invisibles dès le début.

Par exemple, vous avez peut-être médité 1 minute par jour pendant un mois. Facile non ? Mais vous vous sentez toujours stressé et dispersé.

Ça n'a pas l'air de "fonctionner" encore ! Mais tiens le cap. Au bout d'un an, vous vous rendrez compte que vous vous êtes taillé des heures de pleine conscience. Tenez-vous-y !

Ou faire une pompe par jour - semble inutile au début. Mais accrochez-vous, et après des mois, vous serez choqué par la force que vous avez acquise grâce à votre constance.

L'effet cumulatif prend du temps à se matérialiser visiblement. Mais les micro-habitudes d'aujourd'hui se transforment en réalisations incroyables à long terme.

Alors, continuez à appliquer ces petites routines même lorsque les progrès semblent inexistants. Ayez confiance dans le processus ! Les résultats vous épateront bien assez tôt.

Gardez juste le cap avec une petite cohérence. Vos micro-efforts vous préparent silencieusement pour la grandeur. Faites confiance au processus - un petit pas à la fois !

Jerry Seinfeld a craqué le jeu de comédie grâce à des micro-habitudes

En ce qui concerne la royauté de la comédie, Jerry Seinfeld règne en maître. Alors, comment Mr. Bee Movie a-t-il atteint le sommet de la grandeur comique ? Vous l'avez deviné - petites habitudes bébé !

Vous voyez, la plupart des débutants essaient la stratégie de montée rapide - réservez les plus grands clubs, créez une heure spéciale dès que possible, priez pour être découvert rapidement.

Et ils s'éteignent encore plus vite. La comédie prend de l'artisanat, et l'artisanat prend des habitudes. Jerry le savait.

Alors que d'autres se sont précipités pour la célébrité du jour au lendemain, Jerry s'est concentré sur le perfectionnement de son matériel à des micros ouverts de merde nuit après nuit. Il a impitoyablement répété les bases.

Il a fait des pas de bébé - 5 minutes ici, 10 minutes là. Jerry a coupé chaque blague à la perfection. Il tordait et resserrait sans relâche.

D'autres bandes dessinées considéraient le style de Jerry comme trop maladroit et banal. "Qui veut des blagues sur les céréales et la nourriture des compagnies aériennes ?" ils se sont moqués.

Mais Jerry a compris ce que nous prêchons dans ce livre - de minuscules gains composés !

Avec suffisamment de représentants, ces observations banales sont devenues des commentaires culturels incisifs et dévastateurs. Jerry a gravé les principes de base dans son cerveau par habitude.

En fait, la légende raconte qu'au début, Jerry écrivait de nouvelles blagues et les répétait sur scène jusqu'à 200 fois jusqu'à ce qu'elles soient à l'épreuve des balles.

Deux. Cent. Fois. C'est ainsi que vous développez la maîtrise! Pratiquez les micro-habitudes et les petites victoires encore et encore.

Jerry s'est concentré sur le perfectionnement de ses compétences, pas sur la poursuite de la gloire. Après 12 ans à perfectionner son style dans de petits clubs de comédie, apparemment du jour au lendemain, il est devenu une sensation.

Mais comme nous le savons, ce succès a été construit sur une base de centaines de micro-habitudes et de blagues itérées à la perfection.

Bientôt, Jerry organisait des spectacles dans des stades et filmait sa sitcom légendaire sur les minuties ineptes de la vie. Tout cela parce qu'il a commencé petit et qu'il a constamment pratiqué des habitudes.

Alors, quelles habitudes ont alimenté le succès de Seinfeld ?

Jerry a optimisé tout son style de vie pour des gains de comédie :

- Il écrivait des blagues quotidiennement pour générer constamment du nouveau matériel

- Il a testé des blagues dans les clubs tous les soirs pour affiner le timing et la livraison

- Il s'est entouré d'amis rigolos pour échanger des idées

- Il a parcouru le pays en faisant des concerts pour construire une expérience du monde réel

- Il a observé la vie mondaine pour des idées de blagues et les a écrites dans de minuscules cahiers

- Il a vécu très tôt pour pouvoir se concentrer uniquement sur la comédie, pas sur l'argent

● Il n'a jamais été question de grands gestes ou de succès du jour au lendemain pour Jerry. Ses habitudes se concentraient sur des gains quotidiens supplémentaires - écrire une blague, tester un peu, perfectionner son savoir-faire.

Cela a permis à Jerry non seulement de réussir, mais de le maintenir pendant des décennies en tant que GOAT. La cohérence gagne toujours la partie longue.

Si vous devez retenir une chose de ce chapitre

Récapitulons les principales leçons sur le pouvoir de l'intérêt composé pour les habitudes :

La capitalisation fonctionne comme un effet boule de neige - commencez petit, prenez de l'élan au fil du temps. Des résultats meurtriers à venir !

La clé est une cohérence sans faille. Ne sautez pas de jours, sinon la progression se réinitialise à zéro.

Sauter détruit le cycle de composition. Vous devez nourrir l'oiseau quotidiennement pour la magie.

Lorsqu'ils sont appliqués aux habitudes, de petits efforts accumulent des résultats incroyablement rapides grâce à la composition.

Avec de la patience, ces micro-habitudes transforment votre corps et vos compétences avant que vous ne vous en rendiez compte. Mais tu dois croire au processus.

Ayez confiance lorsque vous ne voyez pas de résultats évidents après un mois. Votre effort s'accumule silencieusement... l'impact prend du temps.

Pensez aussi aux gains marginaux - de minuscules optimisations se traduisent par d'énormes avantages à long terme.

La composition nécessite une mentalité de tortue. Les habitudes lentes et régulières dépassent les courtes rafales.

Faites confiance au processus et ayez foi. Vos micro-habitudes d'aujourd'hui se transforment en résultats remarquables demain !

Très bien, nous avons couvert les 4 ingrédients clés - petites habitudes, empilement, pression sociale, composition. Il est maintenant temps de tout mettre ensemble...

Ensuite, nous explorerons comment combiner ces éléments dans un système intégré. Faisons cela!

Chapitre 5 : Le système - Tout mettre ensemble

Très bien les amis, il est temps de combiner ces pouvoirs comme Voltron !

Nous avons couvert la formule secrète à 4 ingrédients pour transformer votre vie avec un minimum d'effort. Voyons maintenant comment intégrer ces éléments dans un méga-robot de productivité homogène de type Voltron !

Individuellement, les petites habitudes, l'empilement, la pression sociale et la composition sont tous puissants. Mais ensemble, ils forment un système imparable pour diriger votre style de vie vers la grandeur grâce à des micro-actions.

Laissez-moi vous peindre un tableau...

La mise en place

Tout d'abord, vous commencez petit. Je parle de petites habitudes embarrassantes - une pompe, une minute de lecture, une phrase journalisée.

Ces micro-changements sont ridiculement faciles à respecter jour après jour. Et ils créent régulièrement une dynamique.

Ensuite, vous séquencez ces mini habitudes pour les cascades. Après votre café du matin, éliminez ces pompes. Après les pompes, méditez pendant une minute. Après avoir médité, lisez une page. Vous voyez la montée en puissance ?

Pour monter d'un cran, parlez-en à vos amis ! Partagez vos petits objectifs d'habitude sur les réseaux sociaux. Rejoignez des groupes en ligne. Allumez ce feu sous vos fesses grâce à la responsabilité.

Maintenant, la magie... gardez simplement ces mini-habitudes chaque jour, aussi petites soient-elles. Parce qu'ils donneront des résultats choquants au fil du temps, c'est garanti.

Comment tout s'assemble

Lorsqu'ils sont bien faits, ces éléments se combinent dans un système fonctionnant sur pilote automatique. Voici à quoi ça ressemble :

La phase des petites habitudes réduit la résistance, donc la cohérence est facile. Vous ne tergiversez pas sur une pompe ou une minute de lecture ! Et les micro-victoires motivent plus vite que les grands objectifs.

L'empilement des habitudes développe des cascades qui éliminent les frictions et la prise de décision. Vos routines séquencées s'enchaînent sans réfléchir.

La pression sociale vous maintient honnête grâce à la responsabilité. Vous ne pouvez pas abandonner lorsque des pairs vous regardent et vous encouragent ! La concurrence et la communauté se développent.

Et la composition fonctionne dans les coulisses. Ces petites habitudes accumulent les résultats et transforment furtivement votre vie au fil des semaines, des mois et des années.

Avant de vous en rendre compte, vous avez amené votre cerveau à créer des habitudes mortelles, simplement en vous poussant 1% de plus dans la bonne direction chaque jour.

Cela demande une planification réfléchie, mais le système fonctionne sur pilote automatique une fois bien conçu. Cela devient un assemblage sans effort de minuscules habitudes de type Voltron transformant tout votre style de vie.

Construisez le système pour votre vie

De toute évidence, cette formule exacte ne fonctionnera pas pour tout le monde. Nous avons chacun besoin d'un système unique adapté à nos objectifs et à notre personnalité.

Mais utilisez-le comme modèle - démarrez micro, empilez les habitudes, obtenez des partenaires responsables, faites confiance au processus de composition.

Réfléchissez à votre propre style de vie et à vos besoins, puis concevez votre système en conséquence. Testez différentes séquences et partenariats responsables jusqu'à ce que vous trouviez le rythme.

Cela peut prendre quelques essais et erreurs, mais une fois que vous avez trouvé la formule, c'est comme une feuille de route magique pour l'amélioration de soi à travers des micro-étapes.

Ne sous-estimez pas le pouvoir des petites actions cohérentes. Ils semblent insignifiants au début, mais la pratique rapporte des dividendes exponentiels au fil du temps.

Plantez ces graines à travers de petites habitudes + un séquençage intelligent + une pression sociale + une composition = vous deviendrez la version la plus impressionnante de vous-même avant de vous en rendre compte !

Très bien l'équipe, cela conclut notre aventure de piratage d'habitudes ! Maintenant, passez à l'action et commencez progressivement à diriger votre vie là où vous voulez qu'elle aille.

Tu as ça. Soyez patient, faites confiance au processus et croyez aux micro-changements aggravés que vous effectuez quotidiennement.

Je vous laisse avec cette dernière pensée de la grande philosophe Julia A. Carney : "Les petites gouttes d'eau, Les petits grains de sable, Font le puissant océan Et la belle terre . "

Vous construisez déjà votre montagne, une brique à la fois. Continuez à empiler mes amis!

Conclusion

Amis, nous l'avons fait ! Maintenant, allez écraser la vie avec vos nouveaux super pouvoirs

Eh bien, les gars, nous sommes enfin arrivés à la fin de ce tour de montagnes russes de piratage d'habitudes sauvages ! Ce fut tout un voyage - comme un film Pixar classé R rempli de langage pot et de harnais de sécurité zéro.

Mais nous avons survécu ! Et maintenant, vous êtes armé de tous les secrets sournoisement simples pour améliorer votre vie sans fausse volonté. Bravo champion ! Sérieusement, des accessoires massifs.

Donnez-vous une tape chaleureuse dans le dos. Ou encore mieux - faites une pompe de célébration pour avoir écrasé ce livre ! Appelez ensuite votre mère pour lui dire que vous avez enfin terminé un livre d'auto-assistance. Elle sera si fière qu'elle vous enverra peut-être même 20 $ par la poste !

Pour de vrai, prenez un moment pour vous imprégner pleinement de votre réussite. La lecture de ces concepts révolutionnaires a été la partie la plus facile. Maintenant, le vrai travail commence en appliquant réellement ces hacks d'habitude.

Mais si vous agissez, votre vie se transformera si vite qu'elle vous fera tourner la tête comme cet enfant démon bizarre de L'Exorciste. Dans un an, vous serez le maître de la productivité que vos amis demandent conseil.

Alors sortez et gagnez dans la vie ! Construisez ces micro-habitudes. Entourez-vous de bêtes hype. Ayez foi dans le processus. Et prouvez que les ennemis et vos propres doutes ont tort.

Je crois en vous les gars à 100% ! Nous sommes peut-être de parfaits inconnus, mais la lecture de ce livre prouve que vous avez déjà la faim et la curiosité nécessaires pour passer au niveau supérieur. Il est maintenant temps de revendiquer la vie formidable que vous méritez.

Permettez-vous d'imaginer de manière vivante et de vous enthousiasmer pour l'incroyable futur que ces habitudes vont créer. Laissez cette vision vous tirer vers l'avant chaque jour.

Cette personne disciplinée, épanouie et épanouie que vous rêvez de devenir compte sur vous pour vous mettre au travail. Une petite habitude à la fois, vous libérez votre véritable potentiel. À quel point c'est cool ?

Bon, assez de sève. Allez-y et dominez ! C'est le moment de briller mon pote. Allumez et donnez un coup de pied au butin ! Tu es né pour ça.

Je vous souhaite un voyage épique rempli de gains cumulés, d'un élan d'habitude sans faille, d'une motivation socialement alimentée et de 1 % de progrès quotidiens. Vous avez tellement foutu ça !

Quant à moi, je m'en vais mettre en pratique ce que je prêche. Je dois éliminer ces micro-habitudes... un petit pas à la fois vers mes propres grands objectifs audacieux.

Mais pour de vrai - du fond du cœur, merci d'avoir pris cette aventure de changement d'habitude avec moi.

Bon, assez de sève. Allez dominer ! C'est votre moment.

Maintenant, si vous voulez bien m'excuser, j'ai quelques petites habitudes à pratiquer... une pompe à la fois.

Gardez les amis hustlin '! Jusqu'à ce que nous nous revoyions.

Pourquoi j'ai dû partager les hacks d'habitude qui ont changé ma vie

Très bien les amis, avant de nous séparer, soyons réalistes une minute. Il est temps de lever le rideau sur ce qui m'a inspiré à écrire ce manifeste farfelu sur le piratage des habitudes.

Permettez-moi de partager l'histoire d'origine de ce qui a inspiré ce livre en premier lieu. Tout a commencé il y a quelques années lorsque j'ai remarqué que des amis se débattaient. Et je ne veux pas dire "se débattre" d'une manière dramatique, juste se sentir un peu coincé.

Vous voyez, à première vue, ces gens avaient tout pour plaire : de beaux boulots, des relations, des jouets et des vacances. Ils ont projeté une image de succès.

Mais dans les coulisses, ils ont lutté contre le manque de motivation, le stress et le sentiment de dérive. J'ai réalisé que même les coups d'œil "réussis" ressemblaient à des fraudes.

Pendant ce temps, j'étais étrangement content. J'avais de l'énergie, de la direction et des routines solides. Certainement pas de yacht cependant! Bientôt peut-être...

Quel était mon secret ? Les hacks d'habitudes que nous avons couverts ici ! De minuscules changements ont créé des résultats massifs au fil du temps.

Des amis ont dit que réaliser leurs rêves semblait impossible. Mais je savais que de petites actions cohérentes pouvaient les y amener.

J'ai donc écrit un mini guide d'habitudes à partager avec mon entourage. Ils avaient besoin d'aide et d'amour dur.

J'ai exposé les tactiques clés - démarrer micro, créer une dynamique, devenir responsable. J'ai expliqué comment les petits pas s'accumulent.

Et ça a marché ! Les mentalités et les modes de vie des amis se sont transformés en quelques mois après l'application des stratégies.

Un copain, Jose, avait l'habitude de rester éveillé jusqu'à 3 heures du matin pour faire défiler le doom, mais il a ensuite optimisé son sommeil, son alimentation et sa concentration grâce à des micro-habitudes. Bientôt, il a été promu deux fois au travail.

Une autre amie, Sofia, n'aurait jamais pensé qu'elle pourrait s'en tenir à un régime. Mais de minuscules échanges nutritionnels et la responsabilité de ses pairs l'ont aidée à perdre régulièrement 40 livres.

Une fois que j'ai vu l'impact, j'ai réalisé que je devais créer un livre approprié élaborant sur ces hacks d'habitude qui ont changé ma vie, et le partager avec le monde.

Avec ce livre, je veux rendre le changement d'habitude accessible aux gens ordinaires qui ne se rapportent pas aux conseils intenses des gourous.

Commencez petit et soyez patient. La cohérence paie. Je suis là pour vous garder motivé et rire!

Bon, assez de sincérité. Écrasons la vie ! Je crois en vous les gars. Va me montrer de quoi tu es fait ;)

Vous avez besoin de plus de connaissances sur les habitudes dans votre vie ! Jetez un coup d'œil à ces lectures épiques

Je sais que certains d'entre vous finiront ce livre en jonesing pour plus d'informations sur ces douces et douces habitudes. Pas de jugement ! Apprendre est addictif.

Heureusement pour vous, j'ai une liste principale des livres de piratage d'habitudes les plus épiques pour faire avancer votre nerderie. Obtenez le battage médiatique!

1) « Habitudes atomiques » de James Clear

C'est la bible incontestée pour tout ce qui concerne les habitudes. James Clear décompose la psychologie et les neurosciences derrière la façon de créer des habitudes qui durent.

Vous apprendrez comment pirater vos boucles d'habitudes, comment de petits changements se transforment en résultats et des stratégies pratiques pour mettre cela en œuvre dans votre vie. C'est comme obtenir un doctorat en mécanique des habitudes !

Le livre va en profondeur mais explique les choses de manière simple - aucun de ces universitaires alambiqués. Et il regorge d'exemples concrets captivants de la façon dont ces tactiques fonctionnent pour les athlètes, les entreprises, etc.

Si vous ne lisez qu'un seul livre d'habitudes de plus (mais soyons réalistes, vous savez que vous ne le ferez pas), faites-en celui-ci !

2) "Le pouvoir de l'habitude" de Charles Duhigg

Un classique OG ! Duhigg explore pourquoi nos habitudes existent et comment elles déterminent 40 % de nos choix quotidiens. Parfois, nous ne sommes que des lézards sans cerveau suivant des séquences programmées sans nous en rendre compte.

Mais la bonne nouvelle est que vous POUVEZ reprogrammer vos schémas de pensée habituels en piratant la boucle des habitudes. Duhigg explique comment identifier et modifier vos déclencheurs, routines et récompenses.

Ce livre vous éclairera avec un aperçu scientifique sur le comportement humain. Mais ne vous inquiétez pas, ce n'est pas sec du tout. Duhigg l'emballe avec des études de cas fascinantes d'organisations réelles qui changent leurs habitudes.

À la fin, vous bourdonnerez d'idées sur la façon de revoir vos habitudes pour réussir. Essayez juste de ne pas effrayer les gens en analysant tous leurs tics inconscients !

3) « Accro » de Nir Eyal

D'accord, ne me jugez pas trop sévèrement pour avoir recommandé celui-ci ! Oui, c'est un guide pour concevoir des produits et des services qui créent une accoutumance pour rendre les gens accros de manière addictive.

Mais il est également très fascinant de comprendre exactement comment les entreprises technologiques créent secrètement des habitudes d'utilisation "collantes" avec des boucles de récompense et un renforcement variable.

Une fois que vous connaissez leurs astuces, vous pouvez éviter de vous laisser entraîner vous-même dans des habitudes malsaines. Et vous pouvez choisir des tactiques psychologiques persuasives à appliquer dans votre propre vie ;)

4) "Empilement d'habitudes" par SJ Scott

SJ Scott est comme le MacGyver du piratage des habitudes. Il combine de manière créative de petits changements pour les empiler dans des améliorations de style de vie importantes.

Le livre propose 97 idées de micro-habitudes que vous pouvez mélanger et assortir. Comme manger un légume par jour. Parlez à un étranger par jour. Marchez 100 pas après chaque repas. De minuscules changements qui vont bien ensemble.

Scott garde les choses simples tout en vous apprenant à concevoir des cascades optimisées. Vous apprendrez à enchaîner les micro-habitudes physiques, mentales, émotionnelles et sociales pour un maximum de résultats.

Fondamentalement, ce livre supprime toute excuse selon laquelle les changements doivent être importants et accablants. Tu as ça!

5) "Petites habitudes" de BJ Fogg

Le pionnier OG de la philosophie "start tiny" ! Le travail de BJ Fogg à Stanford a révélé comment vous pouvez créer des habitudes par petites étapes - tant que vous fixez le timing et les déclencheurs.

Il a développé la méthode Tiny Habits® qui est géniale dans sa simplicité. Le simple fait d'attacher de nouvelles habitudes à un comportement quotidien existant les fait coller.

Comme faire des squats après avoir raccroché votre manteau en rentrant chez vous. Le livre de Fogg éclairera à quel point le chemin de moindre résistance est minuscule lorsqu'on essaie de créer ou de perturber des routines.

Vous apprendrez à apprécier le pouvoir des petites choses. Après lecture, vous n'oublierez plus jamais de minuscules fourmis colonisant votre cuisine !

6) « Commutateur » de Chip & Dan Heath

Si la lecture de ce livre d'habitudes a déclenché votre révolution personnelle, Switch est la suite parfaite. Il plonge profondément dans le fait de faire durer le changement quand la vie est folle.

Les frères Heath sont des experts pour rendre la science attrayante. Ils décomposent comment diriger votre "cavalier mental", motiver votre "éléphant" émotionnel et façonner votre environnement pour le succès.

Ce livre fournit des informations impressionnantes sur la manière de surmonter l'inertie, de gérer les émotions et de créer de nouvelles voies neuronales. C'est comme si Inside Out rencontre Inception - un voyage mental pour vous inciter à un changement positif.

Très bientôt, vous pousserez votre routine sur le pilote automatique en piratant votre psychisme. Prenez ce cerveau paresseux !

7) "L'effet composé" de Darren Hardy

Très bien, il est temps pour un peu d'amour dur. Ce livre du gourou du succès Darren Hardy vous appellera à rechercher des solutions rapides plutôt que des gains composés. Aie...

Mais c'est ce dont nous avons besoin parfois ! Hardy fournit exemple après exemple de la façon dont de petites habitudes ennuyeuses créent des résultats massifs au fil des décennies.

Vous apprendrez comment manger une pomme tous les jours peut vous faire perdre plus de 100 livres. Comment lire seulement 30 pages par jour peut faire de vous un expert. Comment les centimes et les nickels peuvent atteindre des millions.

Fondamentalement, cela mettra en évidence tout ce dont nous avons parlé avec cohérence, gains progressifs et sans s'attendre à un succès du jour au lendemain. Vous l'aurez compris, mais cela demande du temps et des micro habitudes !

8) "Mieux qu'avant" de Gretchen Rubin

Gretchen Rubin est comme une scientifique des habitudes qui s'étudie. Elle a testé sans relâche différentes théories d'auto-amélioration sur elle-même pour voir ce qui fonctionne réellement dans la vraie vie.

Le résultat est un cadre incroyable sur la façon dont nous pouvons pirater nos modèles pour être plus productifs, créatifs, en bonne santé et heureux.

Vous apprendrez des tactiques selon que vous êtes un abstinent, un modérateur ou un rebelle en matière d'habitudes. Et comment créer une responsabilité, des rituels de repère, gérer la procrastination et plus encore en fonction de votre style.

Rubin le garde relatable et exploitable avec des histoires de test de conduite des stratégies sur sa propre vie en premier. Préparez-vous pour un tour de montagnes russes habituel !

9) « État d'esprit » de Carol Dweck

Avant même de parler de transformer vos habitudes, Mindset soutient que vous devez mettre à jour votre système de croyances de base. Êtes-vous fixe ou orienté vers la croissance ?

Dweck explique comment l'adoption d'un état d'esprit de croissance, où vous pensez pouvoir vous améliorer, est essentielle pour libérer votre potentiel. Il crée le cadre mental pour soutenir le changement d'habitude.

Ce livre vous motivera à travers des recherches et des histoires sur des personnes utilisant l'approche de croissance pour atteindre la grandeur dans les sports, les affaires, les universitaires et au-delà.

Cela peut ne pas sembler directement applicable au début, mais l'état d'esprit est le fondement qui donne à vos habitudes la possibilité de s'épanouir. Lis ça!

10) "Volonté" de Roy Baumeister

Enfin, rechargez vos réserves de volonté avec ce livre scientifique sur la maîtrise de soi. Vous ne pouvez résister qu'à tant de cookies et d'insta pings avant l'épuisement de l'ego !

Mais en comprenant mieux comment la volonté fonctionne en tant que ressource quotidienne limitée, vous pouvez l'optimiser et l'exploiter pour les habitudes.

Vous apprendrez à nourrir la volonté, à réduire la fatigue décisionnelle, à tirer parti de la pression des pairs et à tirer le meilleur parti de votre énergie mentale. Considérez-le comme un athlète qui entraîne le muscle de l'autodiscipline.

Vous avez besoin d'un moyen de suivre votre habitude, utilisez ce modèle simple

Voulez-vous passer au niveau supérieur avec votre jeu d'habitude ? Sortez votre stylo et votre table de bricolage, il est temps de créer un traqueur d'habitudes, bébé !

Ce mauvais garçon vous permet de documenter méticuleusement vos progrès comme un scientifique observant un rare rituel d'accouplement.

Tout d'abord, disposez vos en-têtes de colonne en haut - tous les 7 jours de la semaine, du dimanche de dimanche au samedi de fête.

Ensuite, sur le côté gauche, écrivez les habitudes spécifiques que vous souhaitez suivre - comme faire 10 pompes ou suivre votre régime paléo ou éviter la spirale de la rage sur Twitter.

Cela crée des boîtes bien organisées pour chaque combo habitude/jour. Maintenant, voici la partie amusante -

Chaque jour, remplissez les cases pour noter si vous avez terminé chaque habitude ou si vous avez échoué de manière spectaculaire. Coche pour succès, X pour échec !

Votre tableau devient une carte de données d'adhésion et de régression. Délectez-vous de vos petits triomphes d'habitude, analysez les ratés.

Ce tracker vous permet également de repérer des modèles. Peut-être que vous vous démêlez les lundis et vendredis. Il est temps de rallier l'équipe de responsabilité sociale !

Alors sortez vos stylos, embrassez votre cartographe intérieur. Documentez méticuleusement votre parcours d'habitude - les victoires, les échecs, tout ça !

Appel à tous les nerds du livre - Votre mission, si vous choisissez de l'accepter...

Bienvenue, camarade hacker d'habitudes ! Maintenant que vous m'avez rejoint dans cette folle odyssée d'auto-amélioration, j'ai juste une petite faveur à vous demander.

Dans l'esprit de payer au suivant, ce serait une méga drogue si vous pouviez prendre une seconde pour laisser une critique honnête et positive de votre expérience avec ce livre. Je sais, je sais - écoutez-moi !

Vous voyez, vos commentaires ont plus de pouvoir que vous ne le pensez. Prendre 1 minute pour partager vos pensées positives fournit un solide massif.

Les critiques positives donnent aux algorithmes du livre mystique des signaux que ces conseils d'habitude aident vraiment les vrais humains à améliorer leur vie (c'est-à-dire vous !).

Cela donne alors au livre plus de visibilité afin que d'autres puissent également bénéficier des connaissances. Votre avis répand l'amour.

Et votre point de vue unique peut donner aux futurs lecteurs ce dernier coup de pouce d'inspiration pour passer à l'action. Comme une recommandation d'un ami de confiance, vous vous sentez ?

Surtout pour un petit livre indépendant génial comme celui-ci, les critiques aident énormément. Donc, si cela a résonné et apporté de la valeur, s'il vous plaît, augmentez le signal !

L'objectif est de présenter ces hacks d'habitude au plus grand nombre de personnes possible. Votre avis alimente le volant.

Alors sincèrement, merci d'avoir même pensé.

En avant et vers le haut, amis.

www.ingramcontent.com/pod-product-compliance
Lightning Source LLC
Chambersburg PA
CBHW061329120726
48001CB00002B/757